**GRAPHIC LIBRARY™**
en español

**BIOGRAFÍAS GRÁFICAS**

# CÉSAR CHÁVEZ

lucha por los trabajadores del campo

por Eric Braun
ilustrado por Harry Roland,
Al Milgrom, Steve Erwin
y Charles Barnett III

Consultor:
Clete Daniel
Profesor de Relaciones Laborales e
Industriales en la Escuela de Historia
sobre el Trabajo Norteamericano
Cornell University, Ithaca, Nueva York

Capstone press®
Mankato, Minnesota

Graphic Library is published by Capstone Press,
151 Good Counsel Drive, P.O. Box 669, Mankato, Minnesota 56002.
www.capstonepress.com

1 2 3 4 5 6 11 10 09 08 07 06

*Library of Congress Cataloging-in-Publication Data*
Braun, Eric, 1971–
  [Cesar Chavez: fighting for farmworkers. Spanish]
  César Chávez: lucha por los trabajadores del campo/por Eric Braun; ilustrado por Harry
Roland ... [et al.].
    p. cm.—(Graphic library. Biografías gráficas)
    Includes bibliographical references and index.
    Contents: Una juventud de arduo trabajo — Cómo se organizaron —La gran huelga en
los viñedos de Delano—Luchando hasta el final—Más sobre César Chávez.
    ISBN–13: 978–0–7368–6600–2 (hardcover : alk. paper)
    ISBN–10: 0–7368–6600–0 (hardcover : alk. paper)
    ISBN–13: 978–0–7368–9668–9 (softcover pbk. : alk. paper)
    ISBN–10: 0–7368–9668–6 (softcover pbk. : alk. paper)
    1. Chavez, Cesar, 1927– —Juvenile literature. 2. Labor leaders—United States—
Biography—Juvenile literature. 3. Migrant agricultural laborers—Labor unions—United
States—Officials and employees—Biography—Juvenile literature. 4. Mexican American
migrant agricultural laborers—Biography—Juvenile literature. 5. United Farm Workers—
History—Juvenile literature. I. Roland, Harry. II. Title.
HD6509.C48B7218 2007
331.88'13092—dc22                                                    2006043855

Summary: Describes in graphic novel format the life of labor leader Cesar Chavez and the
    boycotts he led to gain fair working conditions for farm workers, in Spanish.

*Art and Editorial Direction*
Jason Knudson and Blake A. Hoena

*Designers*
Jason Knudson and Jennifer Bergstrom

*Colorist*
Benjamin Hunzeker

*Editor*
Erika L. Shores

*Translation*
Mayte Millares and Lexiteria.com

**Nota del editor:** Los diálogos con fondo amarillo indican citas textuales de fuentes
fundamentales. Las citas textuales de dichas fuentes han sido traducidas a partir del inglés.

Pages 15, 22, 25, from *The Fight in the Fields: Cesar Chavez and the Farmworkers Movement*
  by Susan Ferris and Ricardo Sandoval (New York: Harcourt Brace, 1997).
Page 17, from *Cesar Chavez: Autobiography of La Causa* by Jacques E. Levy (New York:
  W. W. Norton Company, 1975).

# Tabla de contenidos

# Capítulo 2
# CÓMO SE ORGANIZARON

En junio de 1952, un desconocido anglosajón de nombre Fred Ross fue a la casa de César. Ross trabajaba para un grupo a favor de los derechos civiles de los latinos llamado Organización de Servicio Comunitario (CSO, por sus siglas en inglés). Al principio, César y sus amigos no confiaban en Ross.

El riachuelo en el que sus hijos juegan está sucio. Los policías los golpean. Sus cheques son una ridiculez.

Él parece entender nuestros problemas.

¿Qué hará usted al respecto?

Las palabras de Ross llamaron la atención de César.

La CSO puso punto final a las escuelas y teatros segregados en el sur de California. Logramos encarcelar a los policías que golpearon a aquellos chicanos.

¡Sí, me enteré de eso!

César, un latino tiene poco poder. Pero la CSO tiene poder porque trabajamos juntos.

Al siguiente día, César fue y tocó a la puerta de sus vecinos. Él había accedido a trabajar con la CSO.

Votar es importante para los latinos. Sólo entonces cambiarán las cosas para nosotros. Lea esta lista de los candidatos que la CSO apoya.

Nunca he votado.

César era bueno para organizar a la gente. Pronto abrió una representación del CSO en Sal Si Puedes y pueblos cercanos. En 1959, César se convirtió en director ejecutivo de la CSO.

Bajo la dirección de César, la CSO se convirtió en la organización México-Americana más poderosa en el país. César empezó a impulsar la creación de un sindicato de trabajadores del campo.

En un sindicato, los trabajadores pueden mantenerse unidos y solicitar un mejor trato por parte de los agricultores.

Pero los miembros de la CSO votaron para enfocarse en los derechos de los chicanos de la cuidad.

César no pudo fundar un sindicato a través de la CSO. Así que decidió renunciar y fundar un sindicato por sí mismo.

En abril de 1962, César y Helen se mudaron con sus ocho hijos a Delano, California. César empezó a hablar de inmediato con los trabajadores del campo locales.

Intentamos un sindicato con anterioridad.

El organizador nos dejó y el sindicato se desintegró. Entonces nos pusieron en la lista negra y no podíamos conseguir trabajo en ningún lado.

Yo no los abandonaré. Este sindicato es mi sueño.

¡El contratista nos cobra por beber agua!

Necesitamos mejores salarios. No podemos ni pagar agua potable en mi casa.

La NFWA llevó a cabo su primera reunión en septiembre. Dolores Huerta y Richard, el hermano de César, fueron organizadores muy importantes en el nuevo sindicato.

¡Lucharemos por nuestra causa! ¡Viva La Causa! Todos los trabajadores del campo podrán opinar sobre sus condiciones de trabajo.

¡Viva La Causa!

Para finales del verano, César tenía suficientes miembros para formar un sindicato, La Asociación Nacional de los Trabajadores del Campo (NFWA, por sus siglas en inglés).

Muy pronto, los trabajadores en todos lados habían oído hablar de César Chávez, la NFWA y "La Causa".

Nos arrastramos a través de rosales con espinas por ellos. Trabajamos a máxima velocidad. Los agricultores nos prometieron $9 por cada mil plantas, pero sólo nos pagan $6.50.

13

Los trabajadores de los campos de rosales en McFarland, California, solicitaron la ayuda de la NFWA. César los ayudó a organizar una huelga en contra de la compañía Mount Arbor.

Tenemos que enviar estas rosas. Mientras más nos tardemos, más dinero perderemos.

Entonces no tenemos otra opción.

Después de sólo cuatro días, los agricultores les dieron un aumento a los trabajadores. La huelga terminó.

El número de miembros de la NFWA creció después de la huelga de los agricultores de rosas. Después, el 8 de septiembre de 1962, César recibió una noticia que atraería incluso más atención a la NFWA.

Los dueños seguramente les pedirán a los chicanos que tomen esos trabajos.

¡César!, ¡los recolectores filipinos de uva están en huelga en nueve viñedos de Delano!

No podemos tomar sus trabajos mientras que ellos resisten para obtener salarios justos. Tenemos que ponernos en huelga con ellos.

Pocos días después, la NFWA llevó a cabo una reunión para discutir si se unían a los recolectores filipinos de uva.

Están solicitando un aumento de 40 centavos para obtener $1.40. Están viviendo en la pobreza.

Tenemos que ayudar a nuestros hermanos los filipinos en esta causa justa. ¡Pongámonos en huelga!

¡Huelga!

¡Huelga!

La NFWA votó por que se unieran a los filipinos en su huelga. Juntos, los dos grupos lograron que por lo menos 5,000 personas dejaran de trabajar en 48 ranchos en el Valle de San Joaquín. Los agricultores mandaron traer esquiroles, es decir trabajadores sustitutos, para que trabajasen en sus campos.

¡No trabajen aquí!

¡No traicionen a sus hermanos!

¡Huelga!

La NFWA, junto con el sindicato filipino, el Comité de la Organización de Trabajadores Agrícolas (AWOC, por sus siglas en inglés), les dio comida a los huelguistas, guarderías para los hijos y un lugar para dormir y hablar.

Los agricultores siempre han querido mantener a los filipinos y a los chicanos separados en los campos.

Nos hacían competir unos contra otros por los empleos.

Ahora trabajamos juntos.

César fue a otros sindicatos, iglesias y universidades para solicitar el apoyo a la huelga.

Necesitamos dinero y comida. Necesitamos gente en las líneas de piquete. Necesitamos que se nos unan en La Causa.

Para marzo, la huelga en contra de los agricultores de uva había durado ya seis meses. César sabía que tenía que obtener más atención para La Causa. El 17 de marzo de 1963, él y cientos de trabajadores del campo empezaron una marcha desde Delano hasta Sacramento, la capital de California.

Exigiremos una reunión con el gobernador. ¡Lo obligaremos a escuchar acerca de La Causa!

Nuestro sufrimiento no pasará por alto. ¡Obtendremos justicia para todos los trabajadores del campo!

Casi al final de la jornada, César recibió la noticia.

César, tengo un mensaje de Schenley. ¡Quieren firmar un contrato!

21

César fue a una habitación de la sede del sindicato. Durante 25 días sólo bebió agua y no comió absolutamente nada.

Miles de trabajadores del campo llegaron para demostrarle su apoyo a César. Nuevamente, la prensa nacional cubrió el evento. Los sacerdotes que apoyaban a César también fueron a la sede del sindicato.

Los trabajadores renovaron su promesa de no usar la violencia. César por fin ha terminado su ayuno.

La gente sigue a César porque él no sólo se interesa en el sindicato. Él quiere hacer lo correcto.

Finalmente, en julio de 1970, los agricultores de la uva habían perdido tanto dinero que se rindieron. Se reunieron con César para firmar un acuerdo.

Los trabajadores tendrán voz y voto para decidir sobre las condiciones justas de trabajo.

El UFW representará a todos los trabajadores del campo.

Los huelguistas y la gente involucrada en esta lucha sacrificaron mucho, sacrificaron todas sus pertenencias.

No obstante, César vio muchas otras batallas por delante. Los agricultores de lechuga y otros cultivos no les daban a los trabajadores salarios justos y se negaban a que el UFW los representara. Se llevaron a cabo huelgas y boicots a lo largo de los años setenta.

¡Gas lacrimógeno!

¡Fuera de aquí!

Para finales de los setenta, los resultados del trabajo de César eran muy notorios. El UFW tenía más de 100,000 miembros. Dichos trabajadores recibían mejores pagas, descansos regulares, días de vacaciones y beneficios médicos.

# CÉSAR CHÁVEZ

César Chávez nació el 31 de marzo de 1927, en una granja cerca de Yuma, Arizona. Sus abuelos eran inmigrantes mexicanos.

César murió mientras dormía, el 23 de abril de 1993. Ese mismo día, había testificado en un juicio en contra de un agricultor de lechuga.

César sirvió en la Marina de 1944 a 1946 como marinero de cubierta.

Aunque César abandonó la escuela después del octavo grado, él nunca dejó de aprender. Su oficina en la sede del UFW estaba llena con libros sobre economía, filosofía, sindicatos y biografías de Gandhi y otros líderes mundiales. César pensaba que las personas deberían de utilizar su educación para servir a los demás.

En 1975, César ayudó a que la Ley sobre Relaciones Laborales del Campo fuera aprobada en California. Fue la primera ley de derechos para los trabajadores del campo. La ley protege los derechos de los trabajadores del campo para sindicalizarse y seleccionar a sus propios representantes para que negocien con los patrones.

En los años ochentas, César se puso en huelga de hambre durante 36 días para protestar contra el uso de pesticidas. Pero pocos fueron los logros obtenidos sobre el tema durante su vida.

César Chávez es recordado como líder de todos los chicanos, no sólo de los trabajadores del campo. Mucha gente considera a César Chávez como el chicano más importante en la historia de Norteamérica.

En 1994, el Presidente Bill Clinton le otorgó a César la Medalla Presidencial de la Libertad, el honor más alto de la nación. La esposa de César, Helen y seis de sus hijos aceptaron el premio en su nombre.

# GLOSARIO

el anglo—un norteamericano que tiene origen europeo

el boicot—negarse a comprar algo a manera de protesta

el chicano—un norteamericano que tiene origen mexicano

el filipino—una persona de Filipinas

la huelga—negarse a trabajar hasta que un conjunto de peticiones sean cumplidas

el pesticida—un químico que mata insectos y otras plagas que se comen las cosechas

el piquete—forma de protesta que se lleva a cabo afuera de un lugar, algunas veces intentando prevenir que la gente entre a dicho lugar

el sindicato—un grupo de trabajadores organizados que intenta obtener mejor paga y condiciones de trabajo para los trabajadores

el trabajador emigrante—un trabajador del campo que va de lugar en lugar para recoger cosechas según la estación

# SITIOS DE INTERNET

FactHound proporciona una manera divertida y segura de encontrar sitios de Internet relacionados con este libro. Nuestro personal ha investigado todos los sitios de FactHound. Es posible que los sitios no estén en español.

Se hace así:

1. Visita *www.facthound.com*
2. Elige tu grado escolar.
3. Introduce este código especial **0736866000** para ver sitios apropiados según tu edad, o usa una palabra relacionada con este libro para hacer una búsqueda general.

4. Haz clic en el botón **Fetch It**.

¡FactHound buscará los mejores sitios para ti!

# LEER MÁS

Eddy, Susan. *Cesar Chavez.* Rookie Biography. New York: Children's Press, 2003.

Gaines, Ann. *Cesar E. Chavez: The Fight for Farm Workers' Rights.* Proud Heritage. Chanhassen, Minn.: Child's World, 2003.

Murcia, Rebecca Thatcher. *Dolores Huerta.* Latinos in American History. Bear, Del.: Mitchell Lane, 2003.

Seidman, David. *Cesar Chavez: Labor Leader.* Great Life Stories. New York: Franklin Watts, 2004.

# BIBLIOGRAFÍA

Clete, Daniel. "Cesar Chavez and the Unionization of California Farm Workers," in *Labor Leaders in America* by Melvyn Dubofsky and Warren Van Tine. Urbana, Ill.: University of Illinois Press, 1987.

Ferriss, Susan, and Ricardo Sandoval. *The Fight in the Fields: Cesar Chavez and the Farmworkers Movement.* New York: Harcourt Brace, 1997.

Griswold del Castillo, Richard, and Richard A. Garcia. *Cesar Chavez: A Triumph of Spirit.* Norman, Okla.: University of Oklahoma Press, 1995.

Levy, Jacques E. *Cesar Chavez: Autobiography of La Causa.* New York: W. W. Norton Company, 1975.

# ÍNDICE